D1729735

POËZIE IS EEN DAAD

Poëzie is een daad

....

Gedichten voor Remco Campert

2009

DE BEZIGE BIJ

AMSTERDAM

INHOUD

Er bestaat
voor mijn gehoor
droge en natte
muziek.
Zo maakte Satie
droge muziek,
Wagner natte.
Het eerste
heeft mijn voorkeur.
In de praatgrage kunsten
bestaat ook
natheid en droogte,
hoewel voor het oor
veel verpest kan worden
door de stem.
(ik houd het maar bij
het geestesoor)
Maar à propos:
Jij bent een meester
van het droge.

VOORVAL

in aloude vriendschap

Een gegeven avond vol adem

door het wijdopen vredige raam
mengt het omlijste moment zich gehoorzaam
met het remmend ontijdig geklapwiek
van een lage hoogmoedige vogel

uit zijn ivoren verdieping omlaagziend
kijkt het ogenblik neer op de doodstille
lokkende hand van de afgrond, de weg
stervende uitvlucht, het willoze
opstijgende rode dons van de schemer
het achteloos straatvuil, de broodkorst –

Ik heb, tot mijn schadelijke schande,
een deadline niet gehaald.

Het is me niet gelukt een nieuw gedicht voor
Remco Campert te schrijven,
waarin alles terecht zou komen wat ik gevoel:

onmogelijk.

Even *beyond words* nu;
in mijn bundel *De Ware Adam* uit 2000 (*Vinkenoog Verzameld*,
pagina 999/1001)
schets ik onze ontmoeting in Café Eylders, juli 1950
– ook titel gedicht, dat eindigt:

'Beeldscherm werkelijkheid.
Hij ontroert.
Hij is een trillende snaar.
Hij is een medemens.
Hij ontmoet, hoort en verwoordt.
Hij doet, open en dicht.
Hij duurt: onvervaard.
hij was, is en zal zijn: Remco Campert.'

Waarvan akte.

WANTROUWEN

Het allerergste was dat was
de regelrechte verwarring dat
was het verraad van de verbazing
dat de kaken deed klemmen dat
het wantrouwen toenam.

Dat hij de omgeving verovert dat hij onderdeel is
van de daverende macht
dat hij plotseling stopt en om zich heen kijkt.

Vanavond de maan als een wolbaal
tussen uitverkochte wolken.

Gisteren het elektrische onweer,
een gedicht op een poster.

Vanochtend de palmtakken gezaagd,
de papyrus water gegeven.

Daar gaat Remco Campert, 1954,
Reynders, Leidseplein, en zo is het gebleven.

Snotter maar in de bioscoop,
sentimenteel zul je nooit worden.

Films zijn het opgespaard verdriet
dat anders geen weg weet.

Oorlog, dode vaders, vrouwen
van wie de namen met een F begonnen,

Voorhout, Posthoorn, Des Indes,
de deur van Couperus, Kijkduin,

jenever, het beeld van Flaneur,
twee haagse jongens, de school van de jaren.

En nu deze gedichten,
Iviers, San Luis, Amsterdam,

langs elkaar heen gepraat
zoals alleen gedichten dat kunnen,

maar altijd
de boodschap gehoord.

Vanaf morgen wordt het oktober,
geen verdriet, geen valse ontroering,

Aan het vertrek van alles
een pijn van geluk.

MIDDAGHITTE IN LISSABON

Wij gaan niet zomaar
op straat liggen slapen
wij kijken ernaar
en zouden wel graag
maar zijn te beschaafd
en zo verticaal.

Poëzie is een daad – jazeker – maar
het is ook een vorm van zwijgen

ook zwijgen is een daad
het is spreken over wat men
niet zeggen kan

zoals je spreekt over het zien
van je tuin en het is niet de tuin
waarover je spreekt

poëzie is een ontroering.

Zag je vanmiddag van de overkant. Je stond
op de stoep voor de supermarkt, een beetje scheef
alsof het waaide daar bij jou, met je gezicht
verbaasd in de avondzon. Je boodschappen gedaan.

Ik vroeg me af waar je aan dacht. Misschien aan niks,
of hoe dat meisje ooit heette, of aan Kees de jongen.
Ik dacht: Remco niet storen en liep door
en dacht hoe vaak ik dat al niet gedacht had

(want je woont in de buurt, ik zie je toch wel
eens in de maand) en dan dus niet zei
wat ik zo vaak al eens had willen zeggen: dat je
en zoveel jaren lang en glazen en sigaretten
en veel gelachen ook en hoe

Dus zeg ik dat nu maar.

DICTEE

de blauwe inkt en het groene boek
de zilveren lepel en de gouden kan

de inkt, het boek, de lepel en de kan
het blauw, het groen, het zilver en het goud

de, het, de en de
het, het, het en het

het geel, het wit, het paars en het rood
de doos, het licht, de beker en de ring

de gele doos en het witte licht
de paarse beker en de rode ring

VANUIT DE VERTE

De avondstraat met zijn rij lantarens
hun vale lichtbollen als een snoer
dat zich in de verte steeds vager verliest

En telkens dook zij in een lichtkrans op
het silhouet van een meisje in regenjas
bij iedere lantaren verder van hem vandaan

Zij is het, Rosa!

Vaak denk ik aan die naamloze straat
aan haar, haar roze strippenkaart

Ten slotte wint de dood
wat blijft is het verlangen

AMSTERDAM, JÄNNER 1959

Sneeuwde het nog
maar
zoals het sneeuwde
op de eerste dagen van een langgeleden jaar
toen wij Breitners winterdoeken eindelijk zagen
   in hetzelfde licht dat hij had opgebracht,
en de vlokken, neerdalend
op bruggen, dekschuiten en dienstmeisjes
   (koket met rijglaarzen, bonnet en bombazijnen schort),
op je rood doorbloede wangen smolten
en wij later in de schemering weer buiten liepen,
as en sintels knerpend onder pas verzoolde schoenen,
het asfalt zwarter
   naast de sneeuwplak in de stegen,
op weg naar het station,
– een naar het zuiden, een naar het noorden –
om een wereld van nog niet gekende werkelijkheden
vurig en onzeker
   tegemoet te gaan.

NEW PLANS

I dreamed that work had begun
on the Leidseplein,
a new master plan for the city.
The Stadsschouwburg has been pulled down
and the Edwardian façades opposite
where a certain bank was housed
pushed over like a house of cards.
A muddy trench runs the whole length
of the pavement cafés on the Kleine Gartmanplantsoen
where the tourists sat over beer and coffee.

Everywhere
bulldozers and fork trucks. One mighty crane
lording it over ruin.

They are building, a passer-by tells me,
the north-south line to Cologne.

The historical city
is about to become history.
Everything must go!

The clearance area stretches as far as Jan Luykenstraat.

And there,
like a cross-section of a doll's house – amazing! –
from the little corner where the theatre bookshop used to be,
I can see your house.

They had to draw the line somewhere.
A poet's house stands for ever.

Cat looking out of the window, licking his paws.
An ordinary weekday afternoon.

And your paintings are there, still on the walls,
and your books. In the dream I can read the titles:
Paul van Ostaijen and Jacques Prévert,
the underground line of poetry.

Deborah by the front door
with a friend visiting.

And you upstairs at your typewriter
with the first draft
of a new poem.

Like Lewis Carroll's tortoise, you taught us:
the poet moves slow
but is unstoppable.

You renew yourself.
You get your goal.
You become your poetry
and move on again,
driven restless
by that midnight muse,
who didn't let you down,
who never lets you go.

VUURSTORM

Zoals een onwrikbare olijfboom weigert te buigen voor de storm
met geblakerde bast uit de vuurzee achtergebleven
heeft hij zich voorgoed vastgeklonken aan de mast
de zwarte bol gehesen als waarschuwing
hoog aan de wind zeilend op zijn gedachten
een ongrijpbaar schip, een schim, een verre schaduw
onvindbaar kielzog achterlatend, verdwijnend over de kim.

De vroegere marsroute naar cafés, bierhallen, nachtlokalen
bij Reynders aan de toog, bij Eijlders, De Kring en Lucky Star
de Sheherazade, Club 13 en La Palette
een jonge uil uit het nest gevallen
met een roofdierenwelp uit de kooi ontsnapt
bouwden wij, zij aan zij
uit sloophout opgetrokken kastelen.

Sluimerende zinnen, woorden, letters, cijfers werden
gesplitst en samengebonden tot dik kabeltouw
terwijl wij zwijgend luisterden naar jazz
en tuurden naar een lekkende kraan wachtend op een nieuwe druppel.
Van diep in de nacht tot helder daglicht
de witte ochtend in een verlaten stad,
nog branden de lantaarns. Broodje Kannibaal bij 't Sterretje?

Een zachte bries vanaf de Noordzee groeit uit tot een orkaan
uit de stilte barst een vulkaan van vriendschap los.
Weer nemen wij afscheid en gaan ieder onze loopplank op
de vuurstorm ontkomen.

HAREM!

Feestelijk herinner ik mij
hoe ik in tweeduizendtwee
op een terras in Montmartre tegen je zei
dat ik in Amsterdam gewoon van je hou
maar in Parijs altijd verliefd op je ben:
daar vloerde je mij bleekbaar
weer eens dronker van gulluk.

In het huis in de Auvigne,
die gemene streek in Midden-Drankrijk,
stonden op de schoorsteenmantel
zes flessen rode wijn klaar
om alvast te chaufferen voor de avond
die daar vaak pardouce kan vallen,
soms al voor de matinee goed en wel
begonnen is, maar daar hadden
de zes flessen rode wijn op onze jeminee
geen moeite mee
wisten wij uit roetine.

Het probleem school hem eerder
in de te drinken volgorde
want onze zes rode wijnen
verschilden onderling enorm
in prijs en kwaliteit

al stamden zij fles voor fles
van viniculteurs als
Cor Bières, Mien Ervois en Beau Jolais
alsmede van Moe Linavent en Pa Uillac.
Voor alle zekerheid hielden wij
nog een twaalftal flessen landwijn van
buurman Boer Gonje achter de hand.

In Midden-Drankrijk plassen wij
natuurlijk buiten en groen maar
ik ben hier op gaan letten en
in de loop der jaren zijn wij
slordiger gaan spetten
omdat wij vroeger braaf
met een meter of vijf
tussenruimte gingen staan
maar nu vrijwel tegen elkaar aan
om alles goed te kunnen blijven verstaan
want het diskoers moet vanzelfsprekend
gewoon doorgaan en flink
tegen elkaar in anders heeft
ons drinken ook geen zin.

Als wij weer naar binnen gaan
blijken Barbara en Deborah,
onze trouwe vrouwen,
zich te hebben vergrepen
aan de beste van de
zes flessen rode wijn,
die wij nog zo voor het laatst
en onszelf wouden bewaren.

Zij gaan uit van het idee
(dat is hun dwaze aksie oma)
dat je altijd met de beste fles
moet beginnen omdat je na
de eerste wijn toch niet meer proeft
dat die tweede minder is.
Hier zijn wij het al veertig jaar
hartgrondig mee oneens
aangezien je zo de wijn beledigt
en dronkenschap beschouwt
als een vine qua non.
Nee: je begint met de wijn die
waarschijnlijk de minste is,
want dan ga je vanzelf
steeds beter drinken.

Maar ach, onze vrouwen zijn
ook nog zoveel jonger.
Laat ze dus maar lekker denken
dat die urinespetters
zojuist door elk van ons
op zijn eigen broek
zijn gemaakt.
En het enorme voordeel van
nog niet gedronken hebben
is dat je niet hoeft te doen
alsof je niet gedronken hebt.

PILATUS PREEKT, BOILER WREEKT

Handdoeken zat,
nu het washandje nog
en de schuldige hand
vol van schuim.

Maar die hand
maar schrijven
en schrijven
en schrijvenderwijs
vol met inkt.

Handdoeken zat
en de kraan
die maar loopt.
Warm water
verandert in kou.

Vrije wil,
waarom
zoveel vrijer toch
dan je eigenste
eigenaar wou.

Die Ernte ist abgeschlossen
im Versmaß des Sommers,
der Wind spricht schon leiser
mit der Stimme der Krähen.
Die Birke, mit schmächtigen Schultern,
diktiert ihr Journal dem gekränkten Licht:
Heut sah ich den Habicht!

Nichts wird ersetzt. Auch der Abend
verwandelt sich nicht mehr in Wissen.
Wir gehen auf Abwegen,
wo nur noch die Steine grüßen,
und jeder Stein erinnert sich heftig,
als wäre er nichts ohne uns.
Das wollte ich dir sagen,
bevor du von andern es hörst.

De oogst is binnengehaald
op de versmaat van de zomer,
de wind spreekt al zachter
met een stem van kraaien.
De berk, met smalle schouders,
dicteert haar dagboek aan het gekrenkte licht:
Vandaag de havik gezien!

Niets wordt vervangen. Ook de avond
verandert zich niet meer in weten.
Wij slaan zijwegen in
waar alleen de stenen nog groeten,
en elke steen weet nog alles,
alsof hij zonder ons niets betekende.
Dat wou ik je even zeggen,
voor je het van anderen hoort.

REMCAM

Op stap langs 's heren wegen
op jacht naar het Parijsgevoel
dwars door Amerika en Indonesië
met Schier en Vink en noem nog
es een paar dichters die nu al
zijn vergeten kwam ik hem tegen
als eerste onder zijn gelijken en
als enige in zijn soort: een man
die het zonder rijbewijs als dich-
ter verder schopte dan het gros
van zijn collega's het mét ooit
schoppen zal en die op eenzame
hoogte ver voor het peloton uit
op de flanken van de Zangberg
onder 't genot van rode wijn en
een voorzichtig trekje van een
joint van het uitzicht blijft
genieten tot het eerste groepje
achtervolgers hijgend in het zicht
komt om vervolgens met een pes-
terig lachje om de mond en met
de timing van een muzikant her-
nieuwd en onherroepelijk te de-
marreren tot ver voorbij het eind

van elks Latijn en boven de Par-
nassus uit te stijgen om tussen
de sterren aan het firmament te
stralen en te schitteren als het
levende bewijs voor de mensen hier
beneden dat er tenminste één
dichter is die hen begrijpt

ZO UIT DE OVEN
Remco Campert *onherstelbaar verbeterd*

Niet te geloven
dat ik schaap nog
een vers schreef over de
blinde witheid van een wereldramp

en om mij heen
rozig handjeklap
en drankbestrijding:
theater was risky geworden.

Alles kroop en aaide,
Heel Europa devoot in de pas
en het leven een pion
in een ganzenbordenspel.

En ik gesjeesde jongeling
moest nodig
het zwijnenwerk bezingen
en zijn geheide ontbladerkracht.

JIJ NIET

Als men hem van een toren stiet, aldus
Busken Huet over ten Kate J.J.L.
– de dichtervorst voor wie, zoals je weet,
de Heer geprezen moest met snarenspel –,
hij zou aan gruis van vaerzen nederkomen.

Jij loopt dat risico niet gauw: houdt er
wel iemand niet van je? En dan –
jij blaast bij voorkeur niet van torentransen
maar blijft liefst, als het kan, laag bij de grond,
met grote ogen, als achter kreupelhout,
zachtaardig monkelen om ons raar gedoe.

Al weet je 't nooit echt zeker, Remco, toch,
flink vallen ooit ontkom ook jij niet aan.

In stofgoud van versjes uiteen spat je dan,
waarna er natuurlijk verwaaid wordt.

Dit is de opdracht:
Remco wordt tachtig,
maak een gedicht.
Als hij het haalt is
mijn eerste gedachte.
Mijn tweede: haal ik het?

(Niet iedereen wordt zo oud.
Niet alle vijftigers.
Niet alle dichters.
Niet alle mannen.
Net niet.)

Lang zal hij leven en lezen
– liefst voor altijd –
met steeds dezelfde ogen
achter verschillende brillen,
onder veranderend kapsel.

Doorluchtige dichter,
heb schijt aan de tijd
en de eindigheid. Blijf.
Neem uw pen op en schrijf.

DAARSTRAKS NOG

Tussen schilferende berken en hun heksenbezems hangt
een lichte nevel en wat je gedroomd hebt is in deze ochtendschemer
amper verfletst, je verwondering al evenmin –

een landschap dat lijkt te bestaan uit over elkaar geschoven
afdrukken van verschillende ogenblikken, het zich door de duinen slingerende
pad van hoogovenslak, je herinnering aan dauwbramen
bij het oude zweefvliegveld, naar het leven terugverlangende sepia's
op te haastig omgeslagen albumbladen

de uiteenlopendste plekken verschijnen, ongewisse, verloren gewaande
of misplaatste, brandgangen of esplanades, ijskoud
is de rook die je vanaf de asbelt tegemoet waait, in de verte
hoor je een goederentrein, ganzen zich roeren

iemand in hemdsmouwen draait een redevoering weg, pakt de kaarten
en schudt ze zorgvuldig, boven de stamtafel vormen vier, vijf
verstrengelde geweien een kroonluchter, een ander coupeert, er wordt zwijgend
geproost, een klein meisje kijkt toe hoe het sneeuwt
in het glazen wereldje dat zij heeft omgekeerd, telkens weer

verspringt de tijd, van echec naar bevrijdingsfeest, van Schelfzee
naar Wannsee, danspas naar danspas, Coltrane's kapotgespeelde lippen
en bloedzwart geworden riet, het in dennenbossen
schuilgaande herstellingsoord, scherven op iedere trede –

naar waar het vergeten begint

PAUZE

De bus moet drinken en stopt
langs de snelweg. Binnen kletsen
ze door tegen druipende ruiten.

Wij klimmen langs scherpe knie-
schijven en venijnige voorleesboeken
naar buiten. In onze benen droesem

van opgeschreven woorden, sediment
van tempels en theaters. Naast de toiletten
van het pompstation trilt het echte leven,

het heeft ons gebruikt en gebroken.
Weg met medailles, contracten; ruim baan
voor de woede. Zwijgend en waakzaam

staan wij te roken.

LEKKER DOOD IN EIGEN LAND

In de trein zitten twee heren die elkaar
vasthouden.

Als de trein de tunnel inrijdt
snijden zij elkaar de polsen door

en zeggen daarbij 'pardon'.

Maar jullie, bloeddruppeltjes, die uit
het raam waaien, jullie zijn vrij.

VooR

R van Regels, Rond en Recht gebRacht,
vol Rake, Rijke, inneRlijke kRacht,
gedReven dooR een fRaai, Rebels plezieR,
geschReven vooR vuRRukkulluk veRtieR,
in veRs, veRhaal, kRoniek, RubRiek, Roman.
RaRa, vooR wie is deze R hieR dan?
Die is vooR BRil, Poefs gRote fan, o ja,
ik snoR gRaag mee: hoeRa hoeRa hoeRa!

EINE PARTIE SCHACH MIT REMCO

Im jahrelangen Kampf
zwischen Rittern und Rittern
bleibt nichts
          als der Mantel des Königs,
flatternd bis zu den Enden der Welt.

In seinen Taschen Toffees
und Gedichte für Wichte.

Die Königin,
die Gebenedeite, lächelt,
als sie die Nachricht erreicht.

Sie setzt sich (nicht
für die Öffentlichkeit)
auf den glatten Schoß des Eunuchen
und schreit: Wer pflegt die Liebe ein?

SCHAAKPARTIJ MET REMCO

In de jarenlange strijd
tussen ridders en ridders
blijft er niets over
                 dan de koningsmantel
die fladdert tot aan de uiteinden van de wereld.

In de zakken zitten toffees
en gedichten voor wichten.

De koningin,
de gezegende, glimlacht,
als het bericht haar bereikt.

Ze gaat (niet
in het openbaar)
zitten op de gladde schoot van de eunuch
en roept: Wie zorgt er hier voor de liefde?

RODE KLAVER

Het leven loopt volgens een vaste
slimme souplesse, zei Darwin, is telkens opnieuw
een daad van jewelste, is poëzie. Ook hij bedreef
gedreven de liefde, beschreef die nauwkeurig

zwierf over de aarde. Ontdekte al gaande
wat braver: hoe dichter bij de bewoning hoe meer
rode klaver. Daarop bezag hij het vlugge gedrag
van kat en muis en bij, linkte dat en at
van de honing. Noteerde: ook hier

geldt de wet van de zoete begeerte. Tot slot
kneep hij speels onderzoekend zijn vrouw
in haar leest en aanschouwde zijn have
zijn kroost voor het huis: rode klaver.

HET LEVEN IS VURRUKKULLUK

Je kunt het Vondelpark in lopen
alsof je nog nooit buiten bent geweest

en je kunt het Museumplein op lopen
alsof je niets te doen hebt

je kunt naar voorbijgangers kijken
alsof je naar muziek luistert

je loopt, je steekt over, en je loopt weer verder

telefoongesprekken voerende fietsers
een naar een taxi zwaaiende toerist
een over straat waaiende krant

als het zo gaat, beginnen de dingen
vanzelf licht en ontspannen te swingen.

REMCO LUISTERT

Hij zit met handen
in zijn handen
en zegt iets onverstaanbaars
tegen de mooie ogen
daar voor hem.

Hij is niets dan stem;
dat wat aanwezig blijft
nadat de deuren
zacht gesloten zijn.

Hij aarzelt, blijft bij
wat het nooit geweest is
maar wou zijn,

hij wacht en luistert,
staat dan op,
en hij vergeet zijn pen.

Dat is niet erg.
Hij heeft zijn stem
die spreekt
wanneer hij zwijgt.

DE JAREN

Niet tellen. De boekhouding vergeten,
de ergens berekende levensverwachting
vanwege dit eten, dat roken, de rek in de
huid, hoe de buis van eustachius, richels
en rimpels en middenvoetsbeentjes
het stellen. Zolang niets op herfst rijmt
zomert het na.

DE MAAN

een feestend land waarin voor ons
geen plaats meer was, zo verrees
voor ons de maan boven het bos
als op een russisch schilderij en

keek je goed, dan zag je onze
werelddelen, afrika, australië en zelfs
italië, weliswaar met een gekrompen
laars die leek te wapperen, zoals de jas

van wie zich haast, of als een vaandel,
alsof daar wind was, op de maan,
herfst, een regenbui, iets wat begon en dan
weer ophield zoals alles hier bij ons

GEMURMEL FÜR REMCO

1.

Der Mond von Indonesien:
So viel wärmer
als die Sonne bei uns.

2.

Wie sollen wir denn
die Frösche verstehen,
wenn die so einen Lärm machen?

3.

Die Insel Samalona:
Vom Wasser umzingelt
wie ein Tümpel vom Land.

4.

Die kleinen Bäume
zwischen den Gleisen
haben ihren eignen Fahrplan.

5.

In Cognac für ewig,
damit es nicht bricht:
Das Herz von Chopin.

6.
Die Lebenden:
Leicht abzuwimmeln.
Doch mit den Toten
mußt Du leben.

7.
Bei uns am Tisch:
Ein Toter, der sich
lebend stellt.

8.
Darwins Schildkröte
glaubte ihr Leben lang,
daß Gott es war,
der sie aus Lehm geschaffen hat.

9.
Auch in Schwarzweiß
noch bunt:
Der irische Regenbogen.

10.
Im Windschatten
vorauseilender Schnecken.

11.
Ein für Humor zuständiger
Hochkommissar
der Vereinten Nationen.

12.
Was aber ist
ein Gedicht über Bordeaux
gegen eine Flasche Bordeaux?

13.
Nur Betrunkene wissen,
daß Zwillinge
aus vier Leuten bestehen.

14.
Nicht ich bin schlecht.
Mein Gewissen ist es.

15.
Sie leiden an 'writer's block'?
Dann schreiben Sie doch mal drüber!

16.
Im Kühlschrank
zwei Dosen Bier
und ein Brummen.
Das Brummen bleibt.

17.
Möchten Sie lieber
ein Stück Freiheit
oder ein Stück Marzipan?

18.
Eines Frühlings
ward mir klar:
Meines Lebens
Herbst ist da!

19.
Der Mensch:
Ein mit Wasser und Kalk
gefüllter Sack,
der Kriege führt
und Gedichte schreibt.

GEMOMPEL VOOR REMCO

1.

De maan van Indonesië:
zoveel warmer
dan de zon bij ons.

2.

En hoe denk je
dat we de kikkers moeten begrijpen
als ze zo'n enorme heisa maken?

3.

Het eiland Samalona:
door het water omsingeld
als een poel van land.

4.

Die kleine bomen
tussen de rails
hebben hun eigen spoorboekje.

5.

Voor eeuwig in Cognac,
zodat het niet kan breken:
het hart van Chopin.

6.
De levenden:
die krijg je de deur wel uit.
Maar met de doden
moet je verder.

7.
Bij ons aan tafel:
een dode die doet
alsof hij nog leeft.

8.
De schildpad van Darwin
geloofde haar hele leven
dat het God was
die haar uit leem had geschapen.

9.
Ook in zwart-wit
nog vol kleur:
de Ierse regenboog.

10.
In de slipstream
van wegsprintende slakken.

11.
Bij de Verenigde Naties
een Hoge Commissaris
voor humor.

12.
Maar wat, zou je zeggen,
is een gedicht over Bordeaux
vergeleken met een fles bordeaux?

13.
Alleen dronkaards weten
dat tweelingen
altijd met zijn vieren zijn.

14.
Niet ik ben slecht.
Dat is mijn geweten.

15.
Lijdt u aan een *writer's block*?
Schrijf er dan over!

16.
In de ijskast
Twee blikjes bier,
en gezoem.
Het zoemen blijft.

17.
Wat heb je liever
een stuk vrijheid
of een stuk marsepein?

18.
Op een lentedag
wist ik het ineens:
voor de rest van mijn leven
is het herfst.

19.
De mens:
een met water en kalk
gevulde zak
die oorlogen voert
en gedichten schrijft.

BLACK BOX

*(OVER HET ONVERMIJDELIJKE VERWIJDEREN VAN MEMORABILIA UIT
EEN KIST VAN VEERTIG CENTIMETER HOOG, NEGENTIG CENTIMETER
LANG EN VIJFTIG CENTIMETER BREED)*

En op een dag moest alles weg. Precies alsof wat eerst
op sterven na gestorven of lijkbleek gelegen had,
in weerwil van zo'n veertig jaar geroddel, tot slot geheid
in allesbrander, open haard of naar milieupark moest voor, ja,
het allerdefinitiefste niets. Geen nood: veel dingen zijn spontaan

content, onwetend dat zij enkel maar per ongeluk bestaan.
Moet je niet minstens bijna menselijk zijn, wil je in staat zijn
te verzuchten: één kwart keer, een halve keer, toe alsjeblieft,
denk alsjeblieft nog één volkomen keer aan mij? – Toch hebben
dingen bij momenten wél een ziel, helaas meer wetend dan hun lief is.

In al hun letters vrezen liefdesbrieven meest het noodlotsuur,
meteen na kennismaking al beducht voor het vaarwel.
Want alles wat verdwijnen moet, leek eerst voor steeds.
Wat dan met kauwgom van een overleden vriend?
Met de banale koffievlek op een briljant rapport?

Wat met de haarlok van je lief? De resten van een märklintrein,
een afgeknabbeld potlood of een stukje gum? Zij zullen weg, precies als wij.
En moeders vragen zich beteuterd af hoe stom zij dan niet moeten zijn
dat zij maar blijven baren, en niet paren om te paren, *l'art pour l'art*.
Maar zou ik het niet hebben over mijn kist? Met mij erin, al veertig jaar,

mezelf vergetend, verliezend, verzinnend en verzamelend?
En lag niet uitgerekend hier de plek waar alles minstens eens
belanden moest of moest geschieden om te zijn? Ik weet niet meer
dan dit: dat wat hier weg moet, vast van plan is weer terecht te komen.
Dus weet je wat ik doe? Ik slaak een zucht. Of laat een wind. Ga ernaartoe.

OMNIBUS

Het is in 1975 een stralende zonnamiddag als ik met de trein uit
Amsterdam waar ik inmiddels woon en studeer in Krommenie
arriveer om mijn ouders te bezoeken en uit het station komend
aan de provinciale weg constateer o nieuwe tijd
een voetgangersstoplicht. Op rood.

De provinciale weg, leeg op een stipje na richting Uitgeest, steek
ik over. Het stipje wordt een stip met een ronkend geluid en als
ik allang aan de overkant de Fortuynlaan in loop is het een
motoragent die mij maant halt te houden. Ik beroep mij op de
eigen verantwoordelijkheid, zintuigen die men moet blijven
prikkelen tegen de verweking, om geen slaafs en dom volger
van regels en plichten te worden.
'Naam?' informeert de agent.

Daden, ach, in het licht van de jaren, en ook met poëzie word je
wat voorzichtiger op den duur.

Maar feit is wel
dat ik die middag
een omnibus bij me draag
een van mijn ouders geleende
via de ECI-boekenclub aangeschafte omnibus
die ik ze wil terug bezorgen

en dat ik, verbijsterd over zoveel onbegrip aan politiezijde, de gebonden *Campert Compleet* met alle verhalen naar het dienstkloppend hoofd van die motoragent smijt waarop hij assistentie inroept en ik een weinig later door drie agenten in een vw-busje word afgevoerd naar bureau Wormerveer omdat de politie in Krommenie het dan nog zonder cellen meent te kunnen stellen. Tot een uur of tien die avond zit ik zonder riem en veters op een brits. Met niets te lezen.

HOE REMCO CAMPERT
HONDERDTACHTIG WERD

midden in een zonnige zondagmiddag
haalde ik remco op van huis:
we moesten op de foto
en zouden in de loop van de dag
worden vereeuwigd
er dreigde een tournee, samen met jan mulder
het land diende opnieuw veroverd,
voor de zoveelste keer –
de dichter droeg geen jas

remco stapte in
en trok de deur dicht –
nu zat-ie in de auto
en extra voorzichtig laveerde ik
remco's straat uit:
de dichter mocht niets overkomen
en moest aan het einde van de dag heelhuids
worden thuisgebracht

de studio bevond zich in een steeg,
hartje jordaan,
waar het verboden was te parkeren
op de gracht kon dat wel:
ik stopte ver van de grachtrand af

remco stapte uit
zonder te water te raken
en ging op de hoek staan wachten
tot ik mijn wagen had weggezet –
dat duurde even;
zo goed achteruit insteken kan ik niet

hoewel de zon scheen
was het tamelijk guur
om niet te zeggen: bitter koud als je,
zoals remco, op straat te wachten stond
zonder veel beschutting
toch deerde de kilte remco niet

zoals de dichter stond te wachten
had-ie wat weg van een standbeeld;
een beeld dat ademde
en waarin het bloed kroop waar het gaan
en niet gaan kon –
ook had remco iets van een oude eik:
onomzaagbaar
ja, remco was nu een man van alle tijden

toen zag ik, op gindse brug,
een gestalte staan –
het was de dood die zijn ronde deed
hij keek naar remco
of eigenlijk: naar remco's rug
(remco keek naar mijn auto
en zag hém niet)
moest ik ingrijpen of niet?
ik lustte hem rauw, de dood

maar die moeite bleef me bespaard
want de dood keek weliswaar even onze kant op
(zou hij het wagen
één vinger uit te steken?)
maar liep toen door
en verdween achter de huizenrij
in een doorgaande straat –
voortaan lag de weg voor remco open

het was een wijs besluit, doorlopen
een heel wijs besluit –

want van remco blijf je af

ROERSEL

Ik heb wel iets tegen te veel om op te noemen
maar zo'n klein beetje dat het vaak niet loont
en ik gewoon maar ergens anders ga zitten.

Mijn ouders zijn inmiddels goed gestorven,
behalve dan mijn moeder, wier aquarellen ik
vriendelijk afsla en maar weer eens ga,

en ook het docentenkorps is definitief
afgemarcheerd, tezamen met
de moeders van mijn kinderen.

Het nodige al naar de bliksem en
dan blijf je in je kooitje over,
goed afgeschermd en geen groot ongemak.

Wie weet komt ook de Heilige van de Nacht
me ongevraagd nog eens redden
van alles waar ik ooit iets, niet veel tegen had.

IN DE LIJN DER VERWACHTING

Lange ochtendlijke uren aan de rand staan
bij de laatste bushalte
het wonder aanschouwen.

Veel wijst naar betekenis.
Er staan strepen op de weg, ook onbedoelde
en er ligt verpakking in alle gangbare kleuren.

Toewijding en vernieuwing in het ongewone
milde weer voor deze tijd van het jaar.
Ik weet hoe hiervoor op te passen.

Ik houd de tonen van het landschap in de gaten.
Zacht ritselend verschiet dat ik herken.
Laaghangende mist.

Wat al voorzingt tegen de doorgezakte avond
komt dichterbij. Dankbaar gezoem
onder een knalrode helm.

Het amper gedroogde knaagdier
dat voor zijn wielen wegsprong

en verderop, dwars door de velden
nerveus, nu en dan quasi grazend

de aarzelende streekbus
waarvoor gewaarschuwd werd.

STAPPENPLAN VOOR WINNARESSEN

Een zich in roken uitputtende dame, de ogen voor het slapen kreukloos
ingestopt, de vrije hand aandachtig aan de kin of zij een weggelaserd
maar hardnekkig donkerharig sikje streelt, leunt in slow motion voorover
kijkt u te diep in de ogen en zegt zwaar: ik begrijp volstrekt hoe jij je nu voelt.

Dat is stap een. Let op. Ze steekt een nieuwe aan, inhaleert, haalt de hand
door het haar, kruist de linnen dijen en vervolgt: maar het doet pijn
om zo alleen te zijn. Stap twee, bijna te laat, nu bent u ongewild beland
in het circus Begrip & Zieligheid waar zij haar woorden als paarden
kan laten draven, wat ze doet, met veel geklop op uw arm brengt zij
existentiële structuren ter sprake die u niet snapt en waarin u niet past
maar dat is uw schuld niet, wij zijn niet allemaal Ons Soort Mensen.
Ze kijkt u zijdelings aan, voor deze lynchpartij uw goedkeuring vragend.

U zwijgt? Zij zucht, schudt haar hoofd omdat het nu voor u voor altijd
te laat is, jaagt met rode nagels niet bestaande aasvliegen uit de buurt
van haar gepeperde ogen en zegt dat u gaan kunt. Dat is stap drie.
De school die zij is wordt tegenover zoveel domheid verdrietig gesloten.

VRAGEN & KLEPELS

In 1999 nam Campert deel aan het grote poëziefestival in Me-
dellín. Het was een triomf. In het openluchttheater scandeer-
den negenduizend toehoorders, van jong tot oud, minutenlang
zijn naam, 'Remco, Remco'. Op straat werd hij aangesproken
door bewonderaars. Hij liet daar een diepe indruk achter. Toen
ik twee jaar later aan het festival deelnam, werden mij voortdu-
rend vragen gesteld over zijn leven & werken in de verre lage
landen:

Is het waar
dat hij aan de gracht van de bloemen woont?
Is het waar
dat hij eens 120 liter limonade heeft gedronken?
Is het waar
dat hij aan een paraplu over Amsterdam is gezweefd?
Is het waar
dat hij een minister ten val heeft gebracht met een gedicht over
de zilverwitheid van een berkenstam?
Is het waar
dat hij de koningin heeft gezoend (en een van haar zusters)?
Is het waar
dat hij een gat in de dijk met zijn regenjas heeft gedicht?
Is het waar
dat de duiven in Amsterdam niet 'roekoe' koeren maar
'remco'?

Is het waar
dat hij in zijn hele leven slechts één keer heeft gesolliciteerd en
toen een bloedproef moest doen?
Is het waar
dat hij in de winter in Parijs op een pleintje zijn jas over een
standbeeld van Venus heeft gehangen en dat dat standbeeld
hem toen naar het hotel is gevolgd?
Is het waar
dat hij *what to do how to live* van Wallace Stevens heeft
proberen over te schrijven maar al voor het vraagteken in
slaap viel?
Is het waar
dat hij in zijn jeugd tulpenbollen heeft gegeten?
Is het waar
dat als je zijn naam in het oor van een koe fluistert die koe
geen melk meer geeft maar campari?
Is het waar
dat Johan Cruijff hem een paar schoenveters heeft
geschonken?
Is het waar
dat de academici zijn gedichten negeren omdat die niet
moeilijk genoeg zouden zijn?
Is het waar
dat hij de enige Hollander is die niet kan fietsen?
Is het waar
dat een televisiefilm over hem niet doorging vanwege het
woordje 'naaien'?
Is het waar
dat hij in een jachtslot heeft gewoond?
Is het waar
dat hij in een hotelgang van wellust is gesmolten tot een

waterplas en zo de gesloten kamer van een dame is binnen
gekomen?
Is het waar
dat hij poëzie een daad van bevestiging heeft genoemd?
Is het waar
dat hij het plaatsen van vraagtekens als een vorm van verzet
toejuicht?
Is het waar
dat men hem ooit uit een schilderij heeft zien stappen; en was
dat schilderij het portret van Aisopos door Velasquez?
Is het waar
dat de taxichauffeurs in heel het land zijn huisadres uit hun
hoofd kennen?
Is het waar
dat hij met een sexy elektrische gitariste optreedt?
Is het waar
dat toen het gesneeuwd had – na een poëzielezing – tientallen
vrouwen om zijn voetafdrukken hebben gevochten – om die
thuis in de diepvries te bewaren?
Is het waar
dat hij altijd op rechterschoenen loopt?
Is het waar
dat hij het levensraadsel heeft opgelost maar het notitieboekje
is kwijtgeraakt?
Is het waar
dat hij een weerbericht heeft geschreven dat perfect uitkwam?

En ik antwoordde:
Ja, dat is inderdaad waar.

'N MEEUW

doen ze me iets
wat knakt

doen ze me dat
ik ken dit lichaam niet

(koud)
mijn poten in elkaar gedaan

zeg: roze vlees
wie is de grote witte –

ik ken de vormeloze niet
ik ga niet schetterend

(kwè-èèè-kwie-è)

ik doe niet aan
het werkelijk verkeer

mijn ei
mijn afval

deze wervel
breekt mijn geile blik

mijn vrouw
mijn vuilnisbelt

en het gat
ben ik dat

DE BLADERENBLAZER

Toen ik vanochtend achter m'n bureau zat wees een collega
me op een blad dat omhoog dwarrelde. Het is bijna
voorjaar, het leek alsof de herfst toch nog even

struikelend over de deurmat en zonder kloppen wilde
binnenkomen. Ontroerend onhandig, zoals jij dat
noemde en ons toen wees op hoe dat eruitziet:

vuilnisauto's die hardrijden. Ik wist niet zo goed
of ik moest lachen, of huilen. Toen ik omlaag keek
zag ik jou staan. Je glimlachte, terwijl je nog eens blies.

KASTANIENALLEE

Kinderkoppen nog altijd
nat als voor de wende, woonpakhuizen

even grauw en volgekalkt, met dure
retro-etalages ook al ('Sgt. Pepper's')

en ik daar toen als enige domweg
gelukkig hoogstwaarschijnlijk

met mijn nieuwe herinneringen
van Remco C. op zak en alle tijd

voor lantarenpalen vol trance party's
waar ik geen mens zou kennen.

Beste Remco, Suzanne schreef me
dat als ik niet gauw iets voor
of over je schrijf
in verband met je verjaardag
dat het dan niet komt in dat Liber Amicorum.

'Zodoende mis ik
weer een keer
de literaire historie.'

Maar ik dacht dat je niet van jubilea hield.

'Het is dan net of het allemaal niet waar is
terwijl je wel beter weet,' citeer ik
uit mijn blote hoofd *Theater*,
de bundel die op de kop af
dertig jaar geleden verscheen.

Ik was toen zeventien
en al vol van een poëzie
die ik niet werkelijk begreep
maar waarvan ik ooit nog eens de finesses
hoopte te doorgronden.

En jij moet de leeftijd hebben gehad
die ik nu heb. Zo beschouwd ongeveer
schelen we maar drie glorieuze zomers
en is alles net zo waar als we willen
dat het waar is,

'dat is leven en taal
ontroering en dood'.

Het zijn slechts drie lentes
die ons scheiden, in termen
van generaties begrepen,

een te verwaarlozen getal
voor de roerige eeuw
die je leven omsluit.

Vooral wanneer ik me bedenk
dat nieuw geboomte
met alles 'erop en eraan'
ieder jaar andermaal
op eendere wijze ontspruit

en alle blaadjes ritselend
in de wind de geschiedenis bijna
woordelijk in staat zijn te herhalen.

Zoals hier
onder een statische zon,

voor jou, Remco.

kijk daarbuiten wandelt Remco Campert
de Leidsestraat is overvol
maar hij stemt in een ring van stilte
op dromen daden van de eenling af

kijk Remco Campert stapt in dit gedicht
de Leidsestraat wordt prompt rivier
naarstig zwemmen wij de weifelslag
en nemen feestend onze badmuts af

LATEN WE KLINKEN

Zou het kunnen, Remco, dat wat de dichters zeggen altijd
naar de toekomst jankt, dat we vermoeide balladen
van hoop uitzingen, dat ooit de mensenstem,

die wankele harlekijn in dat kraakbenen doosje,
even volkomen uit ons vlees springt als hoe
zal ik het zeggen, ja hoe

zal ik het zeggen, de octopus inkt spuit?

Stem te zijn, spreken zoals naakt hout 's winters
knarst, gras knikkebollend de elementen
beaamt, zoals de kat spint – O,

de telepathische hymne der duizend vervoegingen
van het poezenwerkwoord slaap.

Zou het kunnen, Remco, dat dichters daarom zo vaak
zwijgen, in het glas blikken, het glas aan de lippen brengen,
met de vingers door het haar gaan, het hoofd afwenden,

naar hun handen staren, en het marmeren tafelblad
waarin fossiele dieren en continenten stilstaan –
wie zal het zeggen, ja wie

zal het zeggen?

TOT DE SIRENEN

Hier nu   langs het lange diepe water

Athene: banken, taxi's, bijbeldom.
Veel apotheken ook. En steeds sirenes.
Er was – niks was – er was een bar, daar dronk
je uit de jukebox van zes meisjesogen
liedjes van niks, dat liefde straalt – en stinkt.

Daarna het land in en de dorpen door,
de zee van afgebladderd blauw, de zee!
Toen weer een kroeg. Je dronk, je wist niet hoe
en later zong je de Sirenen toe:

hier bij dit wier dit lange warme wier
hier sta ik dat mijn stem dat nu mijn stem
mijn hart mijn fallus alles wat ik ben

dat ik kapotsla op een klip één spits
en hoog en loomwit zingend ogenblik

De man die ik een tiener nog ooit door het Stedelijk
zag schuifelen schuift nog steeds op een manier
met zijn rechterschoen over de vloer alsof hij zich
lijkt te storen aan iets een voorlezende dichter

die te lang doorgaat een bureaucraat die voor
zijn neus staat en ook al te lang doorgaat
hoe dan ook ik laat alle interpunctie varen
in navolging van de man die nooit zo van mooie poëzie

heeft gehouden maar wiens poëzie hij zelf is
een ongenadig dagboek een solo in een aprilnacht
een samenballing van alles wat hij ooit had bedacht
hij die zichzelf beschreef als bedeesde jongeling

die zonodig (heel europa was een matras) witte berken
moest bezingen (en hun stille pracht) of dat je slechter
uit je woorden komt naarmate je het duidelijker wil zeggen
(een typisch verschijnsel van het een of ander)

om over dat je dacht dat je altijd nog te zwijgen en die nu
ik ben allang geen tiener meer godzijdank voor mij zit
sigaret in de mondhoek wijnrode onderlip
en een blik vagelijk op de klok gericht en dan

in schemering schuifelt over het museumplein
die natgeregende woestijn dat onthechte grasveld
over een smal paadje als een baken daar moet je
naartoe want hier is het niets en gelijk heeft hij

de kievit weet niet
dat naar hem geglimlacht wordt
in de majoraan

EEN PARAPLU VOOR REMCO

Een kleine vrouw houdt een paraplu hoog boven haar hoofd
je houdt stil om iets op te schrijven en iemand botst tegen je op

een vrouw raakt haar paraplu kwijt en holt er achteraan
de paraplu kantelt over straat

alsof de wind en ik dezelfde zijn
alsof een paraplu een boot op het wegdek is

een muur hakt een stuk in de lucht
er valt regen in je notitieboek

een meisje vraagt je de weg
vertel je die dan raak je haar kwijt.

Dichtkunst bedrijft de gehechtheid.

Zij houdt ons voor, wij leven
in het exponentiële

van onze verstrengeling.

Dichtkunst doet de een-twee, woord
voor woord, een pareltje van kwadratering,

de keeper en zijn voorspelbaarheid

in de val – de gevleugelde, jij, Remco scoort

een mysterie van adembenemende,
werkelijk onverslaagbare schoonheid

in het doel van mijn dood,
in het hart van de ontroering

die deze lezer nimmer loslaat.

> *Hij was een dag in Parijs en had al vierentwintig uur*
> *nieuw verleden opgebouwd.*
> Remco Campert, *Een liefde in Parijs*

IN PARIJS

zware tijd stroomt de rivier in, stroomt zwarter dan
alle diepte als ik duik naar mijn dingen onderwater:
in stofregels geslagen, in brokkelig beeld neergezet
in vierkant. ik schud het water eraf. ik wil hier zijn

ik wil bedenken hoe mijn verleden niet is, hoe niet
mijn wilde zigeunerzuster de toekomst voorspelde
de wind mij rusteloos in straat bespeurde, me terug
duwde naar het Gare du Nord zonder een spoor van

de woorden die het openhalen. kwetsuur van kind
dat speelt: dat moeras is toch niet zoveel groter dan
wat er onder ons ligt aan sporen en slingerplanten

de hoogte ingroeien als we rondhollen, al de stroom
versnellingen ontwaren, kun je dat, ik knik zo adem
vol als ik boven het water kom, als ik dit nu meetors

POËZIE

Een rivier door een leven,
breeduit slingerend,
richting gevend, volgend.

Aan de oevers vele, vele dagen,
doodgewone en ook
doodgewone, onverwisselbaar.

De rivier, in kaart gebracht,
levert papier op,
een vuistdikke atlas,

te raadplegen voor de toerist
die het leven bezoekt
zowel als voor de wetenschapper

op het gebied van water,
poëzie. De loop van de rivier
lijkt toevallig maar is gegeven.

BIJ DE BANK

In alle gevallen zwenken de vogels
linker en gladder dan de kogels
van staal en munt en metalen geld.
Remco Campert, 'Jongeling'

Heeft u ook een filiaal waarin het anders gaat:
wij achter dubbel glas, met koffie van niet thuis,
verwikkeld in onbegrijpelijke onderhandelingen
met onszelf. Een stalen klok tikt een verhaal
dat niemand horen wil – we zijn te druk met
luisteren naar het niets tussen de tikken door.
Buiten schijnt de zon, denk ik, de zon te zijn,
denk jij, en wij: hoe komen we hier weg.

Elke stropdas in de ruimte hangt halfstok.

Een dichter passeert aan de goede kant
van de ruit. De zon, de vogels, deze stad,
alles is afbetaald of niet, wat maakt het uit,
hij heeft de tijd als kleingeld op zak. Nog
even over onze kluis: een spaarpot van plastic
of roestig blik, een doos met veertjes, stenen
en een schelp – een kleine, koude schelp,
de babyfoon van de zee.

De wereld was nooit ver weg. Ik kon er zo inrennen, op de bielzen zitten met Yuana, Amy, Netty en Jolanda, poëzieplaatjes ruilen, sinaasappels eten, zelfbedachte liedjes zingen, mascara uitproberen (die Yuana van een ouder nichtje had gekregen), heel mooi lopen over een balk (Linda zat op ballet), *Anna, Maria, koekoek* spelen, of oorlogje, springen op de spiralen van een oud bed, brood en taartjes bakken voor mijn broer en Lesley en Gertje die na aanvankelijke dankbaarheid voor onze baksels de zandbak annexeerden, kanalen groeven, wegen aanlegden. De wereld was nooit ver weg in de tuin van het huis waar ik geboren ben, nooit verder weg dan een paar meter. Ik volgde er met mijn vingers de mieren, ik zocht er klavertjes vier, ik at er mijn tussen-de-middag-boterhammen, ik lag er op een middag in mijn rode bikini in een wit plastic tuinstoel en dacht aan de dood. Ik was bijna tien. Dat was snel gegaan. Ik was dus eigenlijk al bijna twintig, dertig, veertig, vijftig, zestig, zeventig, tachtig. Als ik tachtig zou worden, zou ik alleen nog maar acht keer krijgen wat ik al had gehad, goed beschouwd was ik niet ver van de tachtig. Ik was er nog maar net en ik was al bijna dood. *Nee, ik kom niet spelen, ik denk na over de dood en dat wil ik blijven doen, en ook wil ik met mijn heupen, die ik niet heb, zo in deze stoel liggen waardoor het lijkt of ik ze wel heb* – een bezigheid die ik goed vond passen bij het denken aan de dood. Tegen Yuana, Amy, Netty en Jolanda vertelde ik mijn gedachten niet, ik zei gewoon dat ik geen zin had om te spelen, maar mijn moeder klopte op het raam, ik moest die stoel eens uit en vort. Ik vroeg me af wat ze gezien had, of ze gezien had hoe donker mijn gedachten waren. Gaan spelen. Dat was de oplossing.

Toen we moe werden
gingen we slapen
en reden de auto's achteruit.

Terug in de tijd werd het plafond
van het derderangs hotel weer hemel
boven het matras dat de wereld was.

Het was te laat om nog te zuipen en te naaien
en over berkenstammen te zwetsen
en hun bladerpracht

misschien lagen we daar te wachten
op een bevrijding,
draaiden we een kleine revolutie af

of waren we ondergedoken
voor de zoeklichten
van achterwaarts rijdende automobielen
die voorbijgingen aan het vuistbrede kiertje
dat zich tussen de gordijnen naar hen balde

maar zacht was je vuist op mijn schouder
en de kamer hing als een maan in de nacht.

GEEN SPRAKE VAN EEN WEDERKOMST

> *ik droomde met de mensen*
> *ik droomde met de wereld*
> *ik droomde in de steden bij avond*
> Remco Campert, 'Steden bij avond'

Maar wat ik aan het vertellen was.
Er waren tempels, hangende tuinen, rituelen midden op straat,
alles volgens het boekje maar zonder voorbedachte rade,
ik dwaalde, waar ik ook keek,
hijgde wat, dreef wat,
volgde je ongeveer zoals je je een droom herinnert net na het ontwaken,
tegen het verkeer in, je begint bij het eindpunt,
etmaal na etmaal een afluisterfabriekje –
niettemin verbonden met de wereld door al dat licht in mijn leeftijd,
de artiestenuitgang tevens de artiesteningang.

En om de zoveel uur die verkwikkende nacht
met z'n sterrenpracht, de belofte van gratis structuren.

Soms spoelde een dolfijn aan, een hele horde dolfijnen in zijn kielzog.

Nee, jij bestond bij wijze van spreken niet eens,
het was net of ik aldoor een geest achternazat.
Maar met de techniek van tegenwoordig is elke droom
terug te brengen tot een simpele transactie,
een magnetisch veld dat akkefietjes transformeert
tot avonturen en vice versa.

Wat verdween is bezworen met 'Er was eens...'
Maar wat bleef is die fabelachtige akoestiek,
onder water onontkoombaar,
op het droge misleidend,
een witte ruis in mijn binnenoor die me,
nadat ik je ten slotte toch nog in kaart heb gebracht,
terug zal sussen in slaap.

DUS

dus de zon komt minder vaak op
na tien uur 's avonds

en je moet de mensen aankijken
het gesprek gaande houden

met een glas water in je handen

en je wilt naar huis
vooral als ze gaan dansen
en jij ook wilt dansen

maar zo nuchter
de pijn in je knieën
niet kunt vergeten

dus de zon komt minder vaak op
na tien uur 's avonds

WONDERBAARLIJKE MAAND

dat was in de wonderbaarlijke maand
van bloesemingen en overvloed
toen mijn borstkas opstoof als papaver
ribben in sierpennen uitwaaierden
mei mijn magere taal openbrak
vergelijkingen vrat als vuur water

ik schaamde mij diep naar poldergewoonte
in loden jas tussen druppel en wind
ongevoelig bij takken struikgewas doornen
had ik licht opgevat
                ik wreef haar in
en doorzichtig vernederend fonkelniezen
kwam over mij o wonder daar ging ik
men zou van minder uit schamen gaan
maar dit was mijn ziekte baarlijke liefde

HET ONZEKERE

voor het zekere nemen
bijvoorbeeld

het onderscheid tussen de waarheid
in juli de waarheid in december

het wachten op de plotse vreemde gast.
Ik dronk ze terwijl ik mij uitvond

jouw verzen ik drink ze steeds weer
ze ontspannen mijn vingers mijn tong

doen mij de sprong
uit de chaos voor

sporen mij aan mezelf een vraag te zijn
wandelend over hemelbodem.

Oefeningen in de wijsbegeerte van het weifelen
de kunst van het kijken.

Het voetstuk honen ze
de godsbode de kakelende

haters de leuzen van de dwingeland.
Zingende liefdesbrieven zijn het

ja ademende herinneringen
de stad op muziek gezet

vermomde gebeden soms.
In je rechterhand wat aarde

in je linkerhand licht.

VRIJ BEROEP

Schrijver zijn is horen dat andere mensen ook schrijven. Je staat
ergens je fiets los te maken en iemand roept: hé, Blondie. Dat
roepen ze niet bij alle schrijvers, niet bij meneer Campert, maar
bij mij wel. De passant heeft net je boek gelezen, zegt hij. Dan
komt het gedeelte waarom het gaat: hij is ook aan het schrijven.
Net als ik. Net als u. Dat heeft mijn buurman, de beveiligingsman,
nou nooit. Dat iemand hem zegt dat hij zelf nu ook af en toe bij
een bank staat om de mensen te beschermen. Dat heeft mijn
andere buurman, de hoogwerker, nou nooit. Dat heeft de tandarts
nooit. Dat iemand zegt: ik ben zelf thuis ook aan het boren en
binnenkort kom ik eens laten zien wat ik allemaal heb gemaakt.
De mensen op straat geven mij een pak papier en zeggen dat ik
hun boek zeker zal waarderen. Zij zijn nu ook een schrijver. Beste
meneer Campert, u heeft het vandaag vast al eens eerder gehoord:
ik schrijf ook.

En als je jarig bent dan breng ik je een uur of elf, een zaal vol rook,
de gouden glans van instrumenten en als vanzelf is er geluid
en goedgeklede luisteraars met zinnige gedachten.

Er stapelt zich in al die hoofden schor gezongen leven op:
het beste uitzicht en de vrouwen, een landschap
dat verdwijnt en alles dat gehoord wordt
komt zonder tonen in het bloed.

En knik je me nog even toe, je kent de stemmen die er klinken.
We drinken samen wat, ik zwijg vooral, jij tikt heel licht,
onhoorbaar, de maat mee met je voet.

INVENTARIS

'wat heb ik toch gedaan
met mijn leven'
Remco Campert

in het voorbijgaan plukt hij woorden
uit monden van mensen, werpt ze
– nek achterover – in de zijne
voor later, thuis.

daar bezoekt hij kamers:
de kamer met klanken aan wanden
die dansen als hij in zijn handen
klapt,

de kamer met metaforen
waarin het weleens gebeurt
dat hij niet meer weet waarom hij er precies
binnenkwam, waarnaar hij nu weer zocht,

de enjambementenkamer
– opgepast voor het trapje! – die hij alleen
betreedt als hij een list bedenken wil

en enkele kamers waarvoor hij,
om erin te kunnen, eerst
een kast opzij moet schuiven,
een sleutel zoeken,
een spreuk uitspreken.

soms legt hij na zulke dwaaltochten
zijn verzamelde zinnen neer
op het gras in de tuin,
raakt verward en denkt:

had ik maar iets
met cijfers gedaan.

WAAKZAAM

De dichter moet immer waakzaam
blijven, vooral teder te zijn.
Elke dag voor haar uit de hemel willen vallen,
zorgen dat de jazz zijn spieren minder stram maakt.

Hij moet immer waakzaam
blijven, dat er genoeg verstrooiing
is voor ons hart. Wij zijn verzen
nog kunnen prevelen in het oor van een vrouw.

Hij moet immer waakzaam
blijven, soms zwak te zijn.
Opdat de wind zal winnen van zijn gehoor, hem
zinnen influistert waarmee hij een lichaam

rond zijn vinger bouwt.
Waarna de dichter kan zeggen: O, omarm mij,
ik ben nog niet gauw voorbij.

De gedichten in *Poëzie is een daad* zijn in opdracht van De Bezige Bij geschreven ter gelegenheid van de tachtigste verjaardag van Remco Campert. Een uitzondering vormen het gedicht van Ramsey Nasr, dat werd geschreven voor de vijfenzeventigste verjaardag van Remco Campert; het gedicht van Cees Nooteboom, dat eerder verscheen in Remco Campert en Cees Nooteboom, *Over en weer. Gedichten als brieven*, Atlas 2004; en het gedicht van Joost Zwagerman, eerder verschenen in *Bekentenissen van de pseudomaan*, De Arbeiderspers 2001. De gedichten zijn geordend naar het geboortejaar van de auteurs. De vertalingen van de gedichten van Michael Augustin, Michael Krüger en Joachim Sartorius zijn gemaakt door Cees Nooteboom.